KB143783

이제는
말해도 괜찮아

워크북

최지영 · 홍승희 · 조은영 지음

사회평론아카데미

차례

'이만큼 힘들어요' 기분 온도계

일주일 동안 여러분의 기분이 어땠는지 기분 온도계에 표시해 보세요.

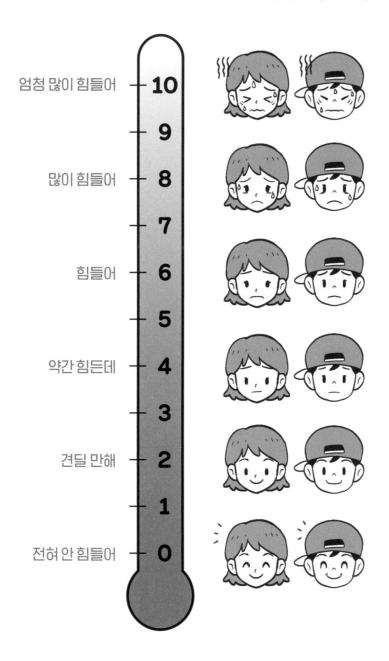

엄청 많이 힘들어 — 10

9

많이 힘들어 — 8

7

힘들어 — 6

5

약간 힘든데 — 4

3

견딜 만해 — 2

1

전혀 안 힘들어 — 0

4

나를 힘들게 하는 것들은?

나를 힘들게 하는 것들을 순서대로 적어 봅시다.

엄청 많이 힘들어

많이 힘들어

힘들어

약간 힘든데

견딜 만해

무엇이 힘든가요?

나를 힘들게 하는 것이 무엇인지 적어 보세요.

그리고 그것이 얼마나 힘든지 온도계에 표시해 봅시다.

이런 게 힘들어요 　　　　　　　　　　　이만큼 힘들어요

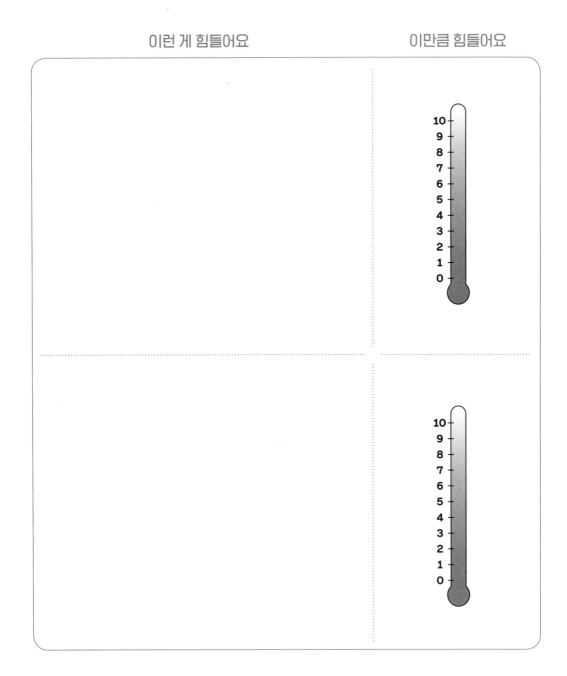

이런 게 힘들어요   이만큼 힘들어요

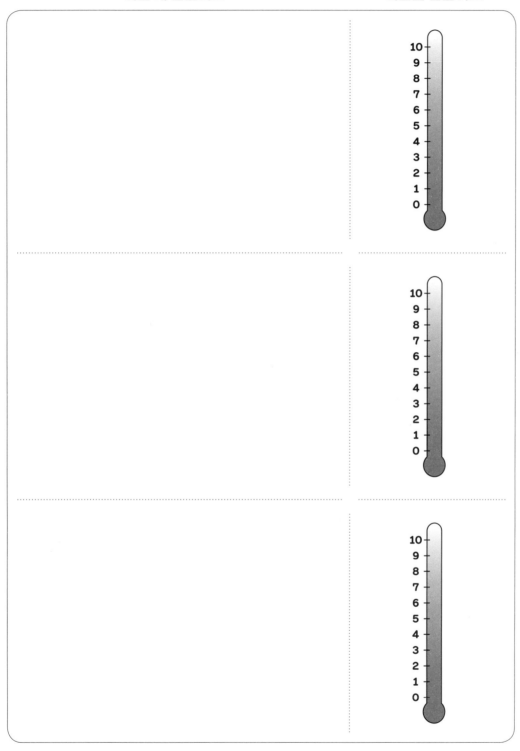

우리 모두 그래, 그건 당연해

우리의 몸은 음식을 먹으면 잘 소화시킵니다.
또 긁히거나 부딪혀서 상처가 생기면 스스로 치유하지요.
마찬가지로 우리의 뇌도 여러 가지 기억을 소화하고
마음의 상처를 저절로 치유하는 능력이 있답니다.

그러나 과식을 하거나 몸에 안 좋은 음식을 먹으면
속이 더부룩하고 배가 아파지지요.
또 상처가 심한데도 그냥 가만히 내버려 두면
곪거나 더 큰 상처로 번질 수 있기 때문에 치료가 필요하기도 해요.

우리의 뇌 역시 아주 나쁜 기억이나 무섭고 힘들었던 경험은
쉽게 소화시키지 못합니다.
뇌가 소화시키기 어려울 만큼 충격적인 일을 겪었을 때,
우리는 이렇게 될 수 있어요.

나쁜 일에 대해 생각하는 것을 멈출 수 없어요.

- 사건에 대한 생각이 계속 나요.
- 사건을 그대로 다시 보여 주는 것 같은 놀이를 해요.
- 마치 사건이 바로 지금 다시 일어난 것 같은 느낌이 들어요.
- 악몽을 꿔요.

너무 불안하고 초조해요. 자꾸 깜짝 놀라게 돼요.

- 잠을 자기 어려워요.
- 집중하기 어려워요.
- 쉽게 짜증이 나요.
- 자꾸 누군가를 공격하거나 뭔가를 부수고 싶어져요.
- 작은 일에도 깜짝 놀라고 무서워요.

나쁜 일을 생각나게 하는 것을 피해요.

- 사건을 생각나게 하는 장소나 물건들을 피해요.
- 친구들과 어울리지 않아요.
- 전보다 놀지 않고 가만히 있을 때가 많아요.
- 전보다 행복해 보이지 않고 애정 표현도 적게 해요.
- 자주 멍해져요.

우리 머릿속의 사이렌

우리 뇌에는 위험한 상황에서 빠르게 자동적으로 반응할 수 있게 하는,
마치 사이렌 같은 역할을 하는 부위가 있어요.
위험한 상황이라는 단서가 감지되면 사이렌이 작동해서
그 상황에서 빠르게 도망치거나 싸울 수 있게 해 주지요.

이럴 때 우리 몸은 호흡이 빨라지고,
주변의 자극에 민감해져서 피부가 곤두서는 느낌이 들고,
주먹이 꽉 쥐어지고 근육이 긴장돼요.
때로 도망치거나 싸우는 것조차 힘들 것 같은 상황에서는
동물이 죽은 척을 하듯 멍해지고 숨이 느려지기도 합니다.

이 모든 반응은 '당연'하고 '필요한' 반응이에요!
우리가 위험한 상황에서 살아남을 수 있게 해 주기 때문이지요.

그렇지만 시간이 지나고…
더 이상 위험한 상황이 아닐 때에도 계속 이렇게 사이렌이 울린다면…
다른 곳에 에너지를 쓰기가 어렵겠지요.

그리고 이런 반응들을 보이게 됩니다.

신체	• 배가 아파요.	• 숨이 잘 안 쉬어져요.
	• 심장이 빠르게 뛰어요.	• 아주 많이 피곤해요.
	• 아픈 게 잘 안 느껴져요.	• 누가 내 몸을 만지거나 닿는 게 싫어요.
	• 잠이 안 오고, 자꾸 깨요.	• 악몽을 꿔요.
	• 깜짝 놀라고 소리를 지르면서 잠에서 깨요.	
정서	• 자꾸 불안해요.	• 죄책감이 들어요.
	• 계속 긴장하고 있어요.	• 화내는 것 같은 상황에 민감해져요.
	• 갑자기 화나 짜증이 나서 폭발하게 돼요.	
	• 아무 감정도 안 느껴지고 멍해져요.	
행동	• 어른한테 매달리게 돼요.	• 더 어린 동생처럼 행동해요.
	• 어떤 놀이를 계속 반복해요.	• 어떤 질문이나 행동을 계속 반복해요.
	• 위험한 행동을 해요.	• 집중을 못 하고 산만해져요.
	• 안전한지 계속해서 확인해요.	• 사건이 생각나게 하는 것들을 피해요.
사고	• 세상은 안전하지 않고, 사람들은 위험해요.	

그래서 우리는…
우리의 몸과 마음이 그건 이미 지나간 일이라는 것을 알게 하는
특별한 방법을 쓸 거예요!

사건과 관련된 단서들을 계속해서 피한다면,
우리 뇌에 있는 사이렌은 사건이 끝났다는 걸 모르게 돼요.

그래서 조금이라도 관련된 것이 나타나면
사이렌을 울리게 되는 거예요.

자, 이제 우리는 두렵고 힘들어도
사건과 관련된 단서를 조금씩 다시 마주해서,
이제는 지나간 일이라는 것을 알려 주어야 해요.

우리의 몸과 마음 모두가
그 사건이 끝났다는 것을 알 수 있게요!

상담 동의서

상담 동의서

나는 심리치료에 참여하는 동안
다음의 사항들을 명심하고 지킬 것을 약속합니다.

1. 일주일에 한 번, _____ 분간 만나는 심리치료 시간에
   결석하지 않으며, 시작 시간을 잘 지킬 것입니다.

2. 편안하고 솔직하게 하고 싶은 이야기를 하도록 노력하고,
   치료에 적극적으로 참여할 것입니다.

3. 나에게 위험한 일이 있을 때는
다른 사람들(부모님, 선생님, 치료사 등)에게 꼭 이야기할 것입니다.

4. 치료 중에 나눈 개인적인 이야기는 비밀로 할 것입니다.
   (나 또는 다른 사람이 다칠 것 같을 때만 예외!)

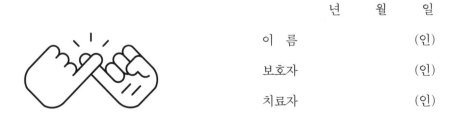

                    년   월   일

        이 름   (인)

        보호자   (인)

        치료자   (인)

자기소개서

나를 소개하자

내 이름은

우리 가족은

 내가 가장 좋아하는 놀이는

 내가 가장 좋아하는 색깔은

 내가 가장 기뻤던 일은

 내가 가장 힘들었던 일은

 나에게 마술 지팡이가 있다면

친구에게 이런 일이 있었대요

무섭거나 끔찍한 일을 겪은 후에 경험할 수 있는 일들을 알아보아요.

나만의 기분 카드

우리는 살아가면서 다양한 감정을 느껴요.

우리가 느끼는 감정들을 알아차릴 수 있는 좋은 방법은 얼굴 표정을 보는 거예요.

어떤 표정이 어떤 감정을 나타내는지 이름을 붙여서,

나만의 기분 카드를 만들어 봐요!

....

....

....

....

....

....

....

....

내 기분 컬러링

지난 일주일 동안 느꼈던 여러 가지 감정들을 떠올려 보고,

각각의 감정과 색깔을 연결해 봐요.

그리고 내가 그 감정을 느꼈던 만큼 하트 안을 채워 색칠해요.

감정	····	색깔		감정	····	색깔
	····				····	
	····				····	

내 마음은 지금…

내 마음이 괜찮은지/힘든지와,

강렬하게 느껴지는지/멍하게 느껴지는지는 서로 달라요.

즐거운 감정이라 하더라도 너무 강하게 느껴져서 불편할 수도 있고,

분명히 힘든데 잘 느껴지지 않는 것 같을 수도 있어요.

지금 내 마음이 그래프 위의 어디에 있는지 살펴봅시다.

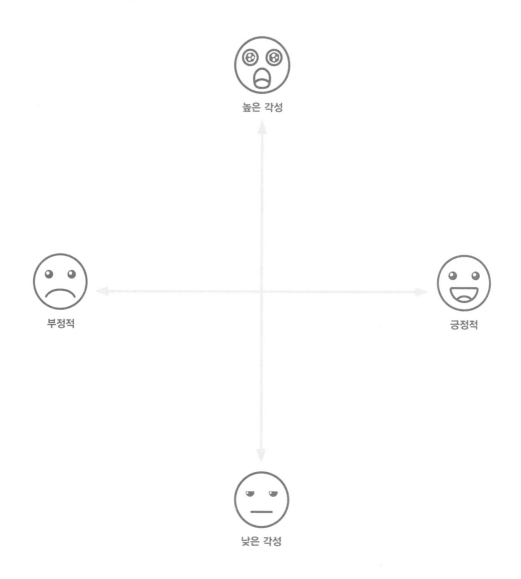

높은 각성

부정적

긍정적

낮은 각성

21

감정과 몸의 변화

우리는 몸이 어떻게 변하는지를 보고 감정을 알 수 있어요.

고양이의 몸을 자세히 관찰하면, 고양이의 감정이 어떤지 알 수 있지요.

고양이가 느끼는 감정에 따라 고양이의 몸이 어떻게 변화하는지 한 번 살펴볼까요?

내 감정이 느껴지는 곳

내가 화나거나 속상할 때, 즐겁고 행복할 때, 놀라거나 당황스러울 때를 떠올려 보세요.
머리부터 발끝까지 천천히 둘러보며 느껴 봅니다.
몸의 어느 곳이 어떻게 변화하나요? 내 몸의 어디에서 내 감정이 느껴지나요?

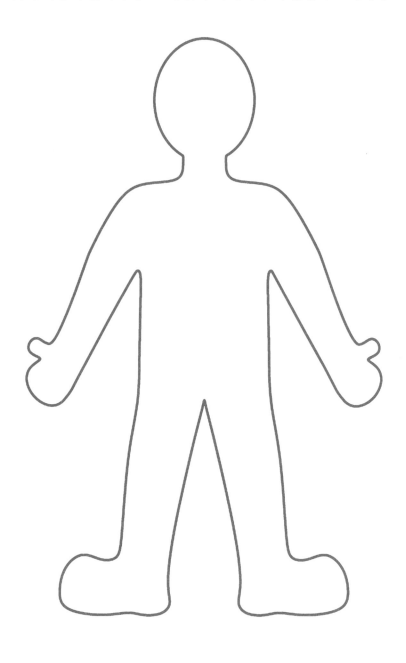

화산 폭발

부글부글 끓다가 터져 버리는 화산처럼,

감정을 계속 참다 보면 감당하기 어려워져서 폭발해 버리기도 해요.

어떤 감정이 그렇게 느껴졌나요?

참거나 폭발하는 대신, 편안하게 표현하도록 감정을 조절하는 방법을 배워 봅시다.

나의 안전한 곳

나만의 안전한 장소를 떠올려 봅시다.

그 장소는 숲속일 수도 있고, 반짝이는 모래사장이 있는 바닷가일 수도 있고,

푹신한 침구와 편안한 향기가 있는 방일 수도 있어요.

나의 안전한 곳에서 보고, 듣고, 냄새 맡고, 느낄 수 있는 모든 것을 나타내 봐요.

내게 가장 좋은 방법

오늘 배웠던 방법 중 무엇이 가장 마음에 드나요? 마음에 드는 방법을 연습해 봅시다.
만약 충분히 괜찮아지지 않는다면, 다른 방법도 사용해 볼까요?

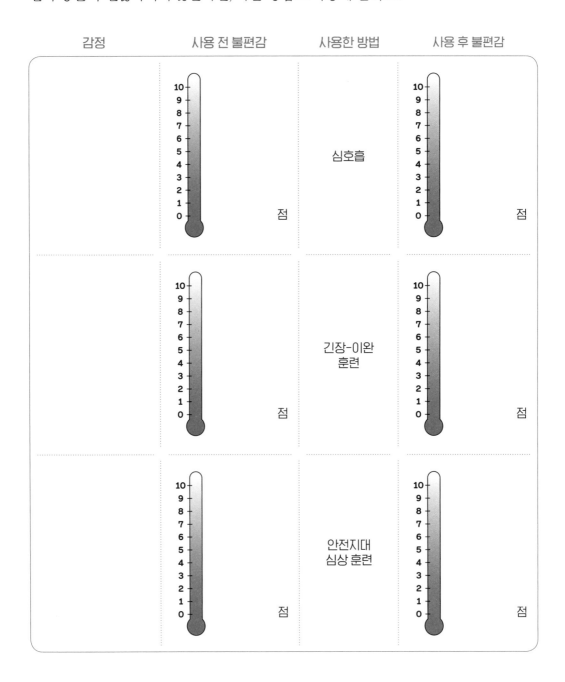

안정화 기술 연습과제

오늘 배운 방법들을 연습해 봐요.

정서조절 방법을 사용하기 전과 후에 불편감이 어떻게 달라졌는지 적어 주세요.

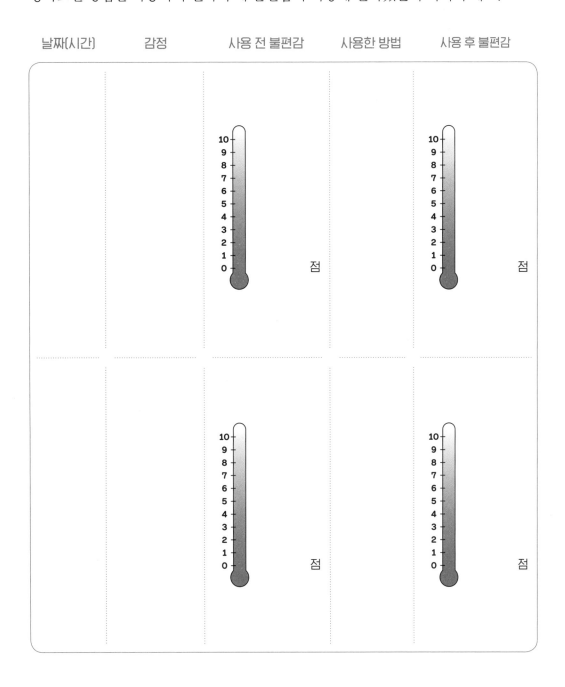

날짜(시간)	감정	사용 전 불편감	사용한 방법	사용 후 불편감
		점		점
		점		점

날짜(시간)	감정	사용 전 불편감	사용한 방법	사용 후 불편감

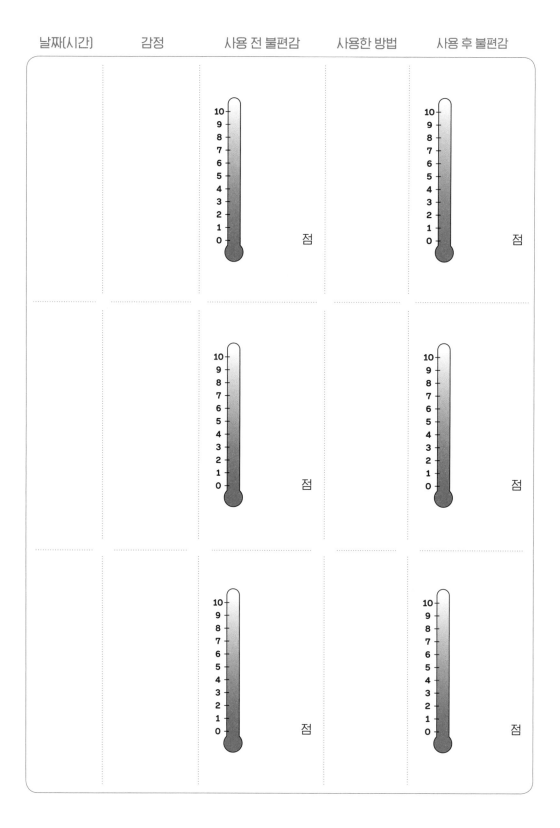

진짜 세상과 머릿속 세상

우리는 여러 가지 일들이 일어나는 세상에 살아요.

어떤 일들은 '진짜 세상'에서 일어난 것이지만,

또 어떤 일들은 진짜로 있었던 일과 관련해서 '내 머릿속'에서 일어난 것이기도 해요.

이때, 진짜 세상에서 실제로 일어난 일을 '사실'이라고 하고,

내 머릿속에서 일어난 일을 '생각'이라고 합니다.

아래 문장들을 살펴보고, 어떤 것이 사실이고 어떤 것이 생각인지 표시해 볼까요?

 사실: 실제로 일어난 일

 생각: 머릿속에서 일어난 일

	사실	생각
• 가을이 오면 단풍잎이 빨갛게 물든다.	사실	생각
• 가족에게는 비밀이 없어야 한다.	사실	생각
• 우유는 뼈를 튼튼하게 한다.	사실	생각
• 좋아하는 사람들을 힘들게 하면 안 된다.	사실	생각
• 나는 50kg이 넘는다.	사실	생각
• 남자애들은 축구를 좋아한다.	사실	생각
• 선생님은 학생들을 가르치고 돌봐 주는 일을 한다.	사실	생각
• 노란색과 빨간색이 함께 있는 표지판은 경고의 의미로 쓰인다.	사실	생각
• 나는 못생겼다.	사실	생각
• 어른이 아이를 혼낼 때는 그럴 만한 이유가 있다.	사실	생각

생각과 사실

우리 머릿속에서 일어난 생각과 실제로 일어난 사실은 다를 수 있어요.

아래에 있는 미나의 일기를 읽으면서, 생각과 사실을 구별해 봅시다.

그리고 미나의 생각과 진짜 사실이 어떻게 다른지도 알아볼까요?

2021년 1월 5일 수요일

세희 인스타를 보니까 애들이랑 노래방을
갔던데 나한테는 아무 연락이 없었다.
아무도 전화도 카톡도 하지 않고,
나한테 같이 가자고 물어보지도 않았다.
내가 왕따였다니.
애들이 나를 따돌린다니 너무 슬프다.
눈물만 나고 아무것도 할 수가 없다.

미나의 생각은 …

-
-
-

진짜 사실은 …

-
-
-

생각-감정-행동의 꼬리잡기

'생각'은 우리의 '감정'과 '행동'을 달라지게 합니다.

때로 우리는 사실과 다른 생각을 하거나, 최악의 상황에 대해서만 생각하기도 해요.

전부 맞거나 전부 틀리다는 극단적인 생각을 할 때도 있고요.

사실이기는 하지만, 지금 나에게 도움이 되지 않는 생각을 계속하기도 하지요.

미나의 일기에서 발견한 생각, 감정, 행동을 정리해 볼까요?

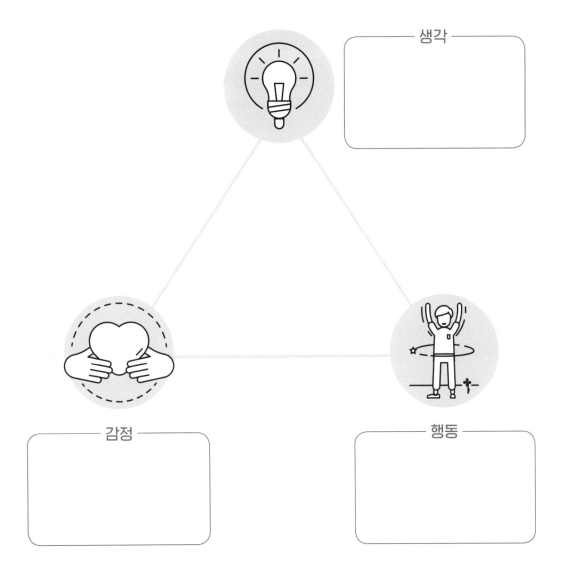

생각

감정

행동

생각-감정-행동의 꼬리잡기 예시

예시

동생이 보는 만화책이 재미있을 것 같아서 가져다 읽고 있는데, 동생이 내놓으라고 소리를 질렀다. 그래서 내가 꿀밤을 먹였더니 동생이 울기 시작했다. 울음소리를 듣고 엄마가 와서 인상을 찌푸리며 왜 동생을 때리느냐고 큰 목소리로 말했다. 엄마는 맨날 나만 혼낸다. 억울하고 짜증 난다. 엄마를 노려보고 내 방으로 들어가면서 문을 쾅 닫았다.

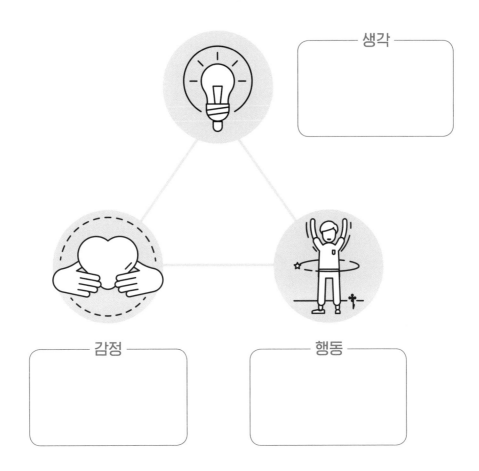

생각

감정

행동

자… 다른 가능한 생각들에는 뭐가 있을까?

-
-
-
-

내일은 수학 시험이 있는 날이다. 수학은 정말 어렵다. 나는 원래 수학을 잘 못하니까 시험을 못 볼 게 뻔하다. 시험 성적이 나오면 엄마한테 또 혼나겠지. 점점 걱정되고 불안하다. 책상에 앉아 있어도 아무것도 할 수 없고, 펜 뒷부분만 물어뜯는다.

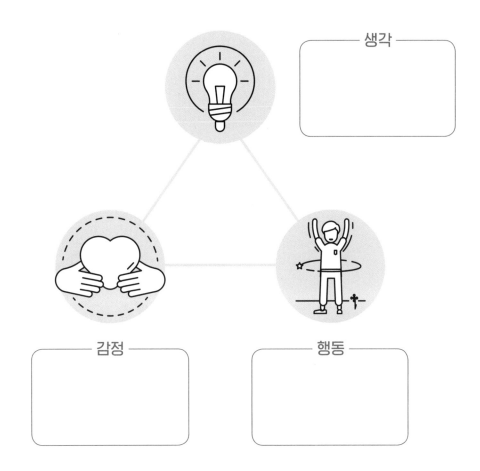

생각

감정

행동

자… 다른 가능한 생각들에는 뭐가 있을까?

-
-
-
-

화장실에 갔다가 나왔더니 복도에서 친구 두 명이 이야기를 하며 웃고 있었다. 그런데 내가 다가가니까 표정이 바뀌었다. 뭐지, 내 흉을 보고 있었나. 기분이 나쁘고 속상해져서 먼저 들어간다고 말하고 교실에 들어가 앉았다.

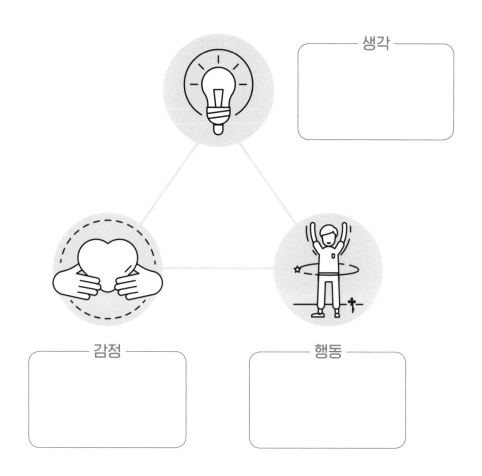

생각

감정

행동

자… 다른 가능한 생각들에는 뭐가 있을까?

-
-
-
-

나는 그때 어땠냐면…

지난주에 기분이 나빴던 상황이 있었나요? 잠시 떠올려 보세요.

그리고 그때의 생각-감정-행동을 정리해 봅시다.

어떤 상황이지?	
무슨 생각을 했지?	
감정은 어땠어?	
어떤 행동을 하게 됐어?	

자… 다른 가능한 생각들에는 뭐가 있을까?

-
-
-
-

힘이 되는 말

다른 사람이 나를 위로하고 격려해 줄 수도 있지만,

내가 나 자신을 위로하고 격려할 수도 있어요.

힘든 생각이 자꾸 떠오르는 내게 힘이 되고 위로가 되는 말을 적어 봅시다.

> "내 편인 사람들이 있어."
>
> "이 정도면 잘하고 있어."
>
> "할 수 있는 만큼 천천히 해도 돼."
>
> "힘들다고 말해도 괜찮아."
>
> "지금까지 버텨 온 것만으로도 대단해."

-
-
-
-
-
-
-

좋은 친구 역할 놀이

비슷한 일을 겪은 친구가 이렇게 생각한다면 뭐라고 말해 줄 수 있을지 적어 봅시다.

다른 친구가 이렇게 생각한다면 …   뭐라고 말해 줄 수 있을까?

> 말하면 자꾸 생각나니까
> 잊어버리려고 하는 것이
> 최선이야.

> 내가 뭔가 잘못해서
> 이런 일이 일어난 것 같아.
> 다 내 탓이야.

> 내가 힘들었던 일을
> 알리는 것은 창피한 일이야.

> 이건 앞으로 결코
> 지울 수 없는 상처야.

내가 평소에 잘못한 게
많아서 벌 받은 거야.

힘들 때 나를
도와줄 사람은 없어.

친구들이 내 비밀을 알게 되면
나를 싫어하고
나와 함께 놀지 않을 거야.

나 때문에 내가 아는
사람들에게도 나쁜 일이
일어날 것 같아.

노출을 통한 둔감화 원리 이해하기

노출치료의 원리는 익숙해지고 둔감화되는 거예요.

나의 _____ 이야기 만들기

나에게 무슨 일이 있었는지 떠올려 보고, 기억나는 대로 말해 봅시다.

천천히 해도 좋으니 차근차근 이야기해 보아요.

무슨 일이 있었냐면…

- 언제:
- 누가:
- 어디서:
- 보인 것:
- 들린 것:
- 냄새:
- 맛:
- 촉감:
- 몸의 감각:
- 기분:
- 생각:

탐정의 증거 기록지

내가 어떤 생각을 했는지, 왜 그런 생각을 했는지,
그 생각이 현실적이고 괜찮은 건지 탐정처럼 꼼꼼하게 따져 봅시다.

사건! 무슨 일이 일어났니?	
생각! 무슨 생각이 드니?	고통감 점수: _____점
실제로 그럴 가능성은? (안 그럴 가능성은?)	
증거를 확보하라!	
일어날 수 있는 최악의 결과는?	
만약 그렇게 된다면 어떻게 될까?	
나의 현실적인 생각은 무엇일까?	고통감 점수: _____점

내가 피하고 싶은 것들

내가 피하고 싶은 것들을 순서대로 적어 봅시다.

진짜 피하고 싶어

10
9
8
7
6
5
4
3
2
1
0

점

피하고 싶어

10
9
8
7
6
5
4
3
2
1
0

점

웬만하면 피하고 싶어

10
9
8
7
6
5
4
3
2
1
0

점

견딜 만해

10
9
8
7
6
5
4
3
2
1
0

점

나를 힘들게 하는 것들 뽀개기

나를 힘들게 하는 것들을 어떻게 극복할 수 있을지 계획해 봅시다.

	나를 힘들게 하는 것들	계획하기	평가하기
1단계			
2단계			
3단계			
4단계			
5단계			
6단계			

모의법정 대본

판사, 검사, 변호사, 피고인, 증인 등 등장인물의 발언 내용을
순서에 따라 간략히 요약해 보세요.

모의법정 대본

모의법정 결과

피고인이 어떤 죄를 지어서 어떤 벌을 주기로 했는지 판사님의 판결문처럼 써 보아요.
그리고 다른 사람들이 판결 결과에 대해 알 수 있도록 기사로 만들어 봅시다.

모의법정 판결문

재판에 대한 기사

48

나만의 보물 상자

나의 강점들을 메모지에 적어 보물 상자에 붙여 봅시다.

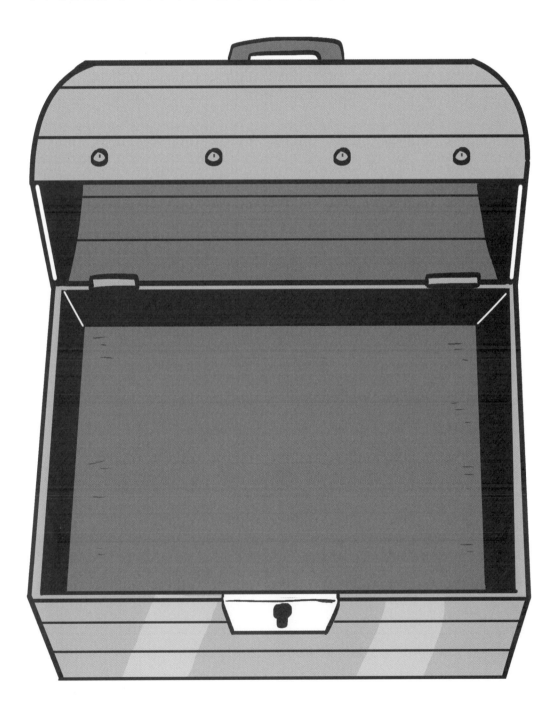

나를 알아보기

아래의 예시처럼 다양한 부분에서 나를 나타낼 수 있는 것들을 적어 봅시다.

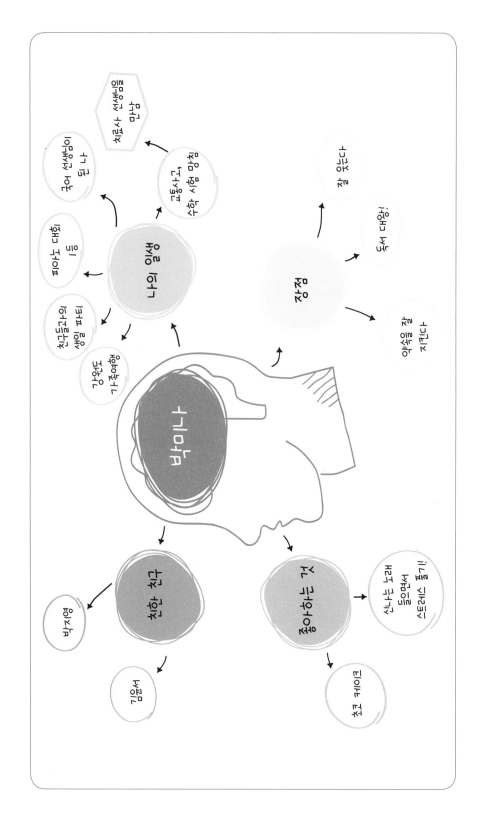

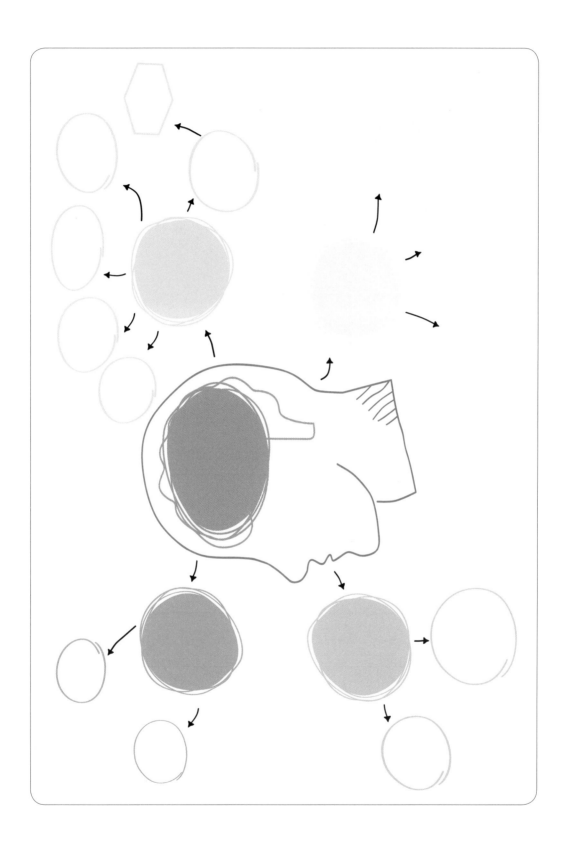

미래의 내 모습

1년 후, 5년 후, 10년 후 나는 어떤 모습으로 지내고 있을까요?
미래의 나는 무엇을 하고 누구와 지내고 있을지,
내가 바라는 모습은 어떠한지를 상상해 보고 아래에 적어 봅시다.

	미래의 내 모습	미래의 나는 이번 사건을 어떻게 바라보고 있을지
1년 후 [년/ 세]		
5년 후 [년/ 세]		
10년 후 [년/ 세]		

너에게 보내는 편지

나와 비슷한 어려움을 겪은 친구에게 해 주고 싶은 이야기를 담아 편지를 써 봅시다.
또는 미래의 내가 현재의 나에게 해 주고 싶은 이야기를 적어도 괜찮아요.

워크시트 36 **위험 신호 알아차리기!**

내가 위험에 처할 수 있는 상황들을 생각해 보고,

위험을 미리 알아챌 수 있는 신호들이 있는지 적어 봅시다.

나에게 위험한 상황

위험을 알아챌 수 있는 신호

-
-
-
-
-

나를 도와줄 수 있는 사람들

위험 상황에 처했을 때 도움을 구할 수 있는 사람들 혹은 기관들을 생각해 보고,
이름과 전화번호, 연락 방법을 적어 봅시다.

1 순위

- 이름/기관명

- 전화번호

- 연락 방법

2 순위

- 이름/기관명

- 전화번호

- 연락 방법

3 순위

- 이름/기관명

- 전화번호

- 연락 방법

4 순위

- 이름/기관명

- 전화번호

- 연락 방법

솔직하게 말해도 될까?

부모님에게 내가 경험한 일을 이야기하려고 합니다.

이야기했을 때 얻을 수 있는 도움이 무엇인지, 걱정되는 부분은 무엇인지 적어 봅시다.

경험한 사건

게임을 하면서 알게 된 오빠가 실제로 만나서 같이 게임을 하자고 했다. 자신이 잘 아는 PC방이 있으니 그곳으로 가자고 말하면서, 내가 다니는 학원까지 자동차로 데리러 온다고 했다. 오빠가 준 주스를 마시고 잠깐 잠이 들었는데 일어나 보니 내 옷을 벗긴 채로 사진을 찍고 있었다.

너무 놀라 겨우 차에서 도망치기는 했지만, 자신을 만나 주지 않으면 SNS와 학교 게시판에 사진을 올린다고 협박하고 있다. 부모님이나 선생님에게 말하면 혼날가 봐 무서운데 어떻게 해야 할지 모르겠다.

얻을 수 있는 도움은?	걱정되는 부분은?

이럴 땐 이렇게!

내가 처한 (혹은 처할 수 있는) 상황에서 나를 보호할 수 있는 방법들에 대해
같이 생각해 보고 적어 봅시다.

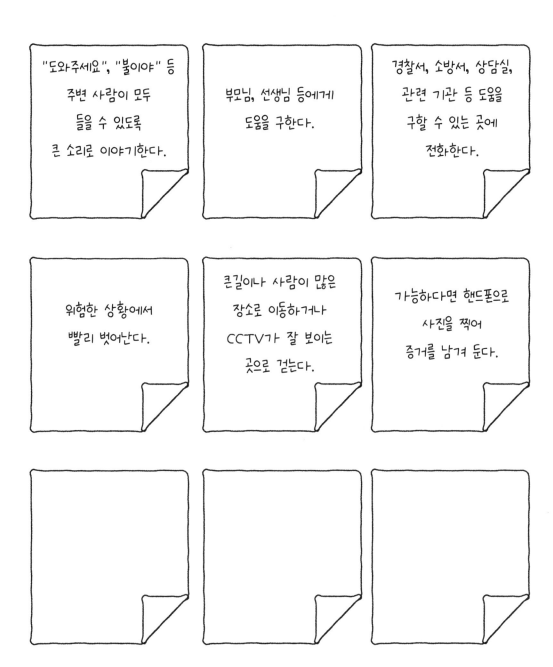

워크시트 40 **어떻게 하면 더 안전할까?**

아래에 제시된 여러 상황들을 읽어 봅시다.

각 상황에서 자신(혹은 이야기 속 주인공)을 지킬 수 있는 방법에 대해 생각해 보고,

그 방법의 장단점과 실천 가능성을 적어 볼까요?

실천 가능성을 숫자로 표시해도 좋고,

실제로 해 볼 수 있다고 생각하는 만큼 도형에 색칠해도 좋습니다.

──────── 상황 1 ────────

상담 선생님 윤지야 무슨 일이니?

윤지 사실⋯ 저번에 저를 힘들게 했던 선배 말이에요. 그때 선생님의 도움으로 잘 해결
된 줄 알았는데 최근에 다시 문자 메시지로 연락이 와요.

상담 선생님 그런 일이 있었니?

윤지 우리 집을 알고 있다면서 언젠가 찾아오겠다고⋯. 집에 가는 게 무서워요⋯.

어떻게 해야 할까?	
그렇게 생각한 이유는?	
이 방법의 장점은?	
이 방법의 단점은?	
이 방법의 실천 가능성은?	_____% □□□□□

집에 혼자 있는데 바닥이 약간 흔들리는 듯한 느낌을 받았다. 아주 짧은 순간 동안 느껴진 거라 내가 착각을 했나 싶기도 하다. 하지만 그 이후로도 창문이 덜컹거리는 소리가 계속 들린다. 너무 무섭고 겁이 난다. 그런데 아무도 없이 혼자만 있으니 어떻게 해야 할지 모르겠다.

어떻게 해야 할까?	
그렇게 생각한 이유는?	
이 방법의 장점은?	
이 방법의 단점은?	
이 방법의 실천 가능성은?	_____ % □□□□□

채팅남 안녕? 오랜만에 들어왔네.

서연 오랜만이에요.

채팅남 얼굴을 못 보고 채팅만 하니까 답답하기도 하고 너랑 더 친해지고 싶기도 한데 사진 좀 보내 줄래?

서연 부끄러워서 사진을 보내기는 좀 그래요.

채팅남 그럼 얼굴은 안 보내도 돼~ 목 아래로 찍어서 보내 줘. 네 몸매가 궁금해. 어차피 얼굴은 안 보이잖아. 나도 보여 줄게.

어떻게 해야 할까?	
그렇게 생각한 이유는?	
이 방법의 장점은?	
이 방법의 단점은?	
이 방법의 실천 가능성은?	_____% □□□□□

오늘도 아빠가 술을 잔뜩 마시고 집에 왔다. 아빠는 시끄럽게 소리를 지르고 방문을
쾅쾅 차면서 엄마를 찾는다. 엄마가 아빠를 말리자 물병이나 액자 같은 물건들을 던져
서 깨지는 소리, 엄마를 때리는 소리가 들린다. 너무 무섭고 엄마가 걱정되는데 어떻
게 해야 할지 모르겠다.

어떻게 해야 할까?	
그렇게 생각한 이유는?	
이 방법의 장점은?	
이 방법의 단점은?	
이 방법의 실천 가능성은?	_____% ☐☐☐☐☐

친한 친구가 나에게 조언을 구한다. 어떻게 도와줄 수 있을까?

용찬 영진아~ 너 얼굴이 왜 그래? 무슨 일 있어?

영진 나 사실… 비밀이 있는데 지켜 줄 수 있어?

용찬 비밀?

영진 요새 고민이 있어…. 저번 주부터 학원에 같이 다니는 친구들이 카톡방에 나를
계속 초대해서 욕하고 협박하고….

용찬 그런 일이 있었다고?

영진 응…. 내가 대답을 안 하면 할 때까지 이상한 메시지를 보내서 아무것도 할 수가
없어…. 카톡방을 나가도 계속 초대하고…. 너무 괴로워.

어떻게 해야 할까?	
그렇게 생각한 이유는?	
이 방법의 장점은?	
이 방법의 단점은?	
이 방법의 실천 가능성은?	_____ % ☐ ☐ ☐ ☐ ☐

친구들이 나를 보고 수군대는 것 같다. 남자친구를 사귄다는 소문이 돌게 된 이후로 반 친구들이 나를 슬금슬금 피하고 따돌린다. 복도에서 마주치면 일부러 어깨를 치고 가거나, 교과서를 숨기고 가방 안에 쓰레기를 넣어 둔다. 복도를 지나다니기도 어렵고, 화장실에 갈 때도 무섭고 불안한 마음이 든다. 급식도 혼자 먹어야 해서 결국 오늘 점심도 먹지 않았다.

어떻게 해야 할까?	
그렇게 생각한 이유는?	
이 방법의 장점은?	
이 방법의 단점은?	
이 방법의 실천 가능성은?	_____% □□□□□

무엇이 힘든가요?

나를 힘들게 하는 것이 무엇인지 적어 보세요.

그리고 그것이 얼마나 힘든지 온도계에 표시해 봅시다.

이런 게 힘들어요   이만큼 힘들어요

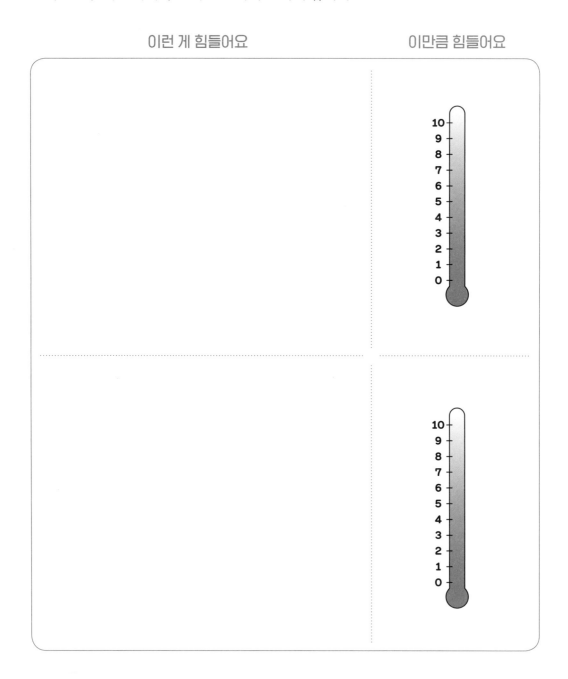

이런 게 힘들어요   이만큼 힘들어요

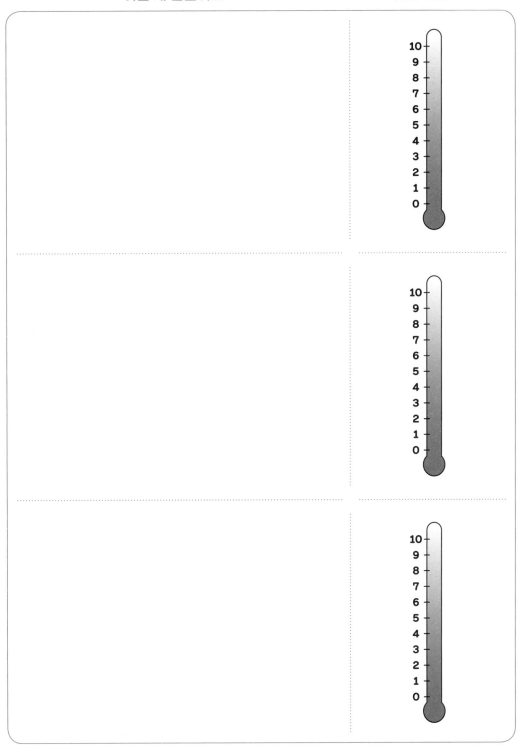

마음 행복 연습장 02

이제는 말해도 괜찮아 [워크북]

2022년 3월 10일 초판 1쇄 찍음
2024년 4월 30일 초판 2쇄 펴냄

지은이 최지영·홍승희·조은영

책임편집 정세민
편집 정용준
디자인 김진운
표지 일러스트 서희
본문조판 민들레
마케팅 김현주

펴낸이 윤철호
펴낸곳 ㈜사회평론아카데미
등록번호 2013-000247(2013년 8월 23일)
전화 02-326-1545
팩스 02-326-1626
주소 03993 서울특별시 마포구 월드컵북로6길 56
이메일 academy@sapyoung.com
홈페이지 www.sapyoung.com

ⓒ 최지영·홍승희·조은영, 2022

ISBN 979-11-6707-041-8 93180